所有的船都驶向明天

麦须 著

长江出版传媒
长江文艺出版社

麦 须

本名倪立新。"70后"，浙江嘉善
人。20世纪90年代初开始文学创作，
诗歌作品发表于《黄河诗报》《诗
潮》《诗歌月刊》《浙江诗人》《大
河》《延河》等刊物。

目 录

辑一

辑二

辑 一

▼

我们仿佛设计了黎明

好让白昼变得虚幻而易逝

地球上的生活

小时候
打翻过橱底的一瓶墨水

捞呀捞
想从地板上把它们捞起来

结果
弄黑了整个下午
结果
整个下午都躲进了瓶子里

旅途

下午，我们来到山坡上
阳光灿烂，从寺庙穹顶泻下
你不妨告诉我，远方的美景

昨天挺不错，我们看到雪山
雪人在爬山，雪人爬着每一座山
你不妨告诉我，明天的安排

前天是在海边吧，我们相约
一起跳海，让鸥鸟衔一副牌来
你不妨告诉我，后天的赌注

大前天呢？你、我，还是哪个
发生了什么，有人醒着大醉一场？
你不妨告诉我，谁会独自离去

或者你可以告诉我，我们

从未到过今天，也从没走出今天

好吧，就在这阳光下，取一本书来

看着它，把自己翻开

黑色歌谣

这世上只有两种人
写诗和不写诗的人

这世上只有两种人
画画和不画画的人

这世上只有两种人
唱歌和不唱歌的人

这世上有万物
却只有两种人

却不是活人和死人

安详的世界

她出生于遥远的 1929 年
那一年尼姑庵门前的草特别绿

只有那个司机才会让她
在没有站点的小区门口下车
她说你有没有香烟什么的
得表示一下谢意

会跟朋友们扯起
我这爱打麻将的老娘
我说我娘今年九十二
却觉得每天她都是簇新的

她总在一个摊位上买菜
她说只有那家的菜最新鲜
她说老板夫妻称赞她
说她看上去不过七十岁

她说，这么一天天活下去

日子倒也不觉着长

她嘿嘿地笑成个线团

像个偷了糖果的孩子

最怕是收到老亲戚病危的消息

我总是不敢告诉她

她会去医院见上一面

还会说几句安慰的话，然后

回家收衣服，再跟我聊聊

某年某月的往事，也只在

这个时候，我会误以为

这世界本就是这样地安详

噩梦

天暗下来
竹林唰唰响
蛇形小路延伸
鬼魂冒出来，从坟墓里
黄鼠狼钻出来，从土地庙里

我折了树枝驱赶无处驱赶的
空荡荡的四周
天暗下来，房子升起来
天暗下来，星斗转起来

进山记

清晨，驱车往大厦
地下停车场大得惊人
拐过弯，刷过门禁
电梯锃亮，挂着消毒记录

顶楼，走廊幽暗
办公室肃穆，字画庄重
有大片阳台，一脚跨入
哇，日出峰顶

可以跳跃，可以大喊
只是对面的双子楼过于拘谨
右手边的楼群还矗着吊机
阳光还如画在矛上的红缨

呼吸一下吧，这林立的空旷
也许沿金属栏杆走走

不要轻视塑料草坪，你看
那些月季，木箱子里的——

拍几张吧，虽然叶片枯黄
又昨夜有雨，花朵皱烂
但枝干还是保持着桀骜
看，这个角度，它正戳着天空

杀鱼

把它剖开，在它活着时
活的鳞片，活的白肚子
血是活的，肠子也是活的
活的腮，活的红尾巴

就像你看到的这首诗
每一个字都是活的
一旦抓住，剖开，放进锅里
跳腾两下就死了

或者你可以放了它
看着它从眼皮底下溜走
这样你就成了另一条鱼
可以用鱼眼睛看看，鱼的阴谋

我梦见我是一个猎人

枪和篝火噼啪作响

绿眼睛噼啪作响

窝棚紧闭双唇

树和空旷大声吼叫

我什么也杀不死，在这儿我

独自一人，杀不死孤独

我的枪，狗看着

响了，变成一颗软糖

我梦见我是一个猎人

没什么是我的猎物

我张着嘴，从不歌唱

我倒下，像灰尘被吹走

我的枪，狗看着

响了，像灰尘被吹走

致光明

当你出现，仿佛我年轻的脚步

踢腾着大地，心脏

发出打桩机的隆隆声

当你出现，阴影溃散

最卑鄙的也得另找角落

一切热爱都如星空一般倾斜

我们甘愿紧抱着死前行

并谄媚地称之为生

哈，是你的力量让苦难成为生机

当然，我会赞美黑夜，这神秘的玫瑰

宁静的沉思者，总在提醒我

这明亮的浩大，真实但绝不可靠

但我总是沉溺，你制造的巨大舞台

宫殿和战场，祭台和庙宇
我并未过于投入，却无法怀疑

某一天，我会缺席你的新剧
无论留恋还是欢欣，当我闭上眼
你制造的幻境也将枯萎

而现在，我正坐在椅子上，向你致意

绿衣女子

街角，咖啡店，寒风，香味
整个冬天，我裹着围巾
穿过步行街，仿佛
总有猫跃过台阶

玻璃门关了又开，对此
我已失去了判断
雪躺在地上，我踩着雪
雪飘在身后

悲剧总是在酝酿，悄悄落地
忽然被挂上了门把手
叹息着的咖啡店，在街角
我推开门，有一张桌子

坐下来，隔着玻璃
服务生递来不太热的咖啡、沉思的弦乐

凝固的时光，隔着玻璃，雪在落
树叶在落，行人在落

真是个好地方，我这么说
一切开始消散，桌子，墙，火炉
椅子成了一个虚影，我摔了下去
却不痛。又来了，我傻笑

窗外，有绿衣女子经过

我亲眼见到……

多少次，我亲眼见到钢铁魔法

将大厦从地里拔出来，那么轻巧

像蜻蜓尾巴点过水面

它是否长着根须?

从哪一种存在之中，或者

仅仅是因为自身的伟岸?

就这么站着，装点和被装点

阳光总是那么真实

阴影总是那么虚幻

人们从这一幢跑到另一幢

总会抱怨生活的嘲弄，却从不怀疑

这史诗般的巨大和坚固

而此刻，我正在这大厦中（必须经过安检）

翻阅时光遗失的黑色书简

我，亲眼见到，一只蜻蜓，刚刚飞过

哭泣与歌唱

只看到酒
在晃动，夜晚的阴影晃动
光的旗帜，
高悬的绳梯，
人群。

酒杯已盛满，酒
的语言。严冬的哀鸣
流淌着春日的绿汁
饥渴，饥渴
黑色火焰升腾

我已离去，离去
循着无边旷野
道路荒凉
提着壶
任月光漫过头顶

暂停或空格

总有这样的时刻——

周遭一切都慢了下来

大屏幕的画面逐渐停滞

公交车趴在路中间

风停了，女孩的长发停了晃动

一切流动着的都停了

卡住了齿轮的巨大机器

天空越来越远，尘土凝固

空白。无声的声音响起

从细若游丝到隆隆巨响

聚光灯骤亮，高瘦的男人旋转

舞台琐碎，纸屑一般

头顶的标签被抹去

衣物纷纷扬起，暗红色的灰烬

躯体，不知美丑的躯体

如同剥去毛皮的动物

肌肉、血管、脏器、肿瘤

块块脱落的赘物，直至骨骼

尚能看到虚空的镜像

轻盈，一尘不染

图书馆大楼消控室的监控上

画面卡顿了一下，很小的一下

几乎看不出来的一下

中年保安发了会呆，起身，去热午饭

北鹤村的傍晚

一面湖朝上
树和房子错落
立着，灰的天空下

一面湖朝下
树和房子错落
倒立着，灰的天空上

湖面重叠
一面进入黑夜
一面退向白昼

人物画

画一个圈，这是脑袋

画一个框，这是身体

手臂和腿别画太直

添上眉毛眼睛鼻子嘴巴

长上头发，穿上衣服

当然得穿裤子

加上手指头和脚

不用画脚指头，穿上鞋

这样就差不多了

横着看，别扭。竖着看，别扭

挂墙上看，还是别扭

再画点什么好呢?

刚这么一想，那家伙嗖地跳了出来

怒气冲冲地打了我一拳

突然想起，该给他加上一个笼子

最后，我在他旁边又画了一个人

戴上帽子，举起斧子

马上，纸上只留下了两个血红的窟窿

冬夜

雪落下来
树叶落下来

鸟落下来
悲伤落下来

布偶

类似于蝴蝶、树叶这样的
或者是鹿、雪花这样的

最后，它仍徒具人形
眼见着，时光从身上渐渐褪去

却破了，碎了，身体发黑
阳光照着的冷角落，歌声隐约

遗失

脱掉，脱掉火焰

穿上，穿上灰烬

脱掉，脱掉石头

穿上，穿上空洞

只像一粒尘埃，从我面前飘过

消失，只像

世间每一粒尘埃，被风吹起

无处着落

月亮

一块石头

一块大石头

一块翻滚的大石头

一块悬浮着翻滚的大石头

一块遥远的悬浮着翻滚的大石头

一块古老而遥远的悬浮着翻滚的大石头

一块石头

球形、白色，从不流泪

逃

我该躲到哪儿

被子里有人了

床底下有人了

箱子里还是马桶后面

快，七十八七十九八十

那个蒙眼的家伙快数完了

躲进身体里

手吗？左手还是右手

脚吗？前脚还是后脚

腋窝下还是脑袋里

快，九十七九十八九十九

赶紧逃走，逃走

童年

田野就是田野
草垛就是草垛
麻雀就是麻雀
云朵就是云朵

春天即是花虫
星空即是家乡
河水即是拥抱
雪即是红萝卜

黑夜就是黑暗
梦境就是白昼

母亲即是母亲
我，即是万物

花园

黄昏，植物学家戴着眼镜
土坡上与水塘里的植物们
光的崇拜者，沉默的奴仆们

我不认识加杨与乌桕
也不知道狼尾草与鼠尾草的区别
百合花与百合花有何不同

花草的性事勾起植物学家的欲望
我脑袋里的植物学家，此刻
他正饰演着上帝

天空和天空之外的秘密
我与植物学家的秘密
花儿们的秘密

这花园里的一切啊
虚假，绚烂，如同夜晚的暴动

漂泊的阿苏

一个阿苏从东面走来

一个阿苏从西面走来

那会儿广场上只有他们两个

你去哪儿？我去接儿子

你去哪儿？我去喝酒

一个阿苏摸出了烟，另一个掏出了打火机

他们彼此熟稔，像一根树枝上的两片叶子

一个阿苏从南面的水塘里爬出来

一个阿苏从北面的小山坡滚下来

更多阿苏从四面八方出现

他们都来到了广场上

你去哪儿？你去哪儿？你去哪儿？你去哪儿？

人群发出低沉的嗡嗡声

广场上竖起了烟雾凝成的旗帜

他们外表一致，却有着不同的心事

一个阿苏在谈论《红与黑》

一个阿苏在展示刚学的广场舞

一个阿苏在传授如何判定玉器的价值

一个阿苏在埋头研究九宫格里的数字

一个阿苏一脸茫然，看着天空发呆

广场中心的高台上，最后一个阿苏面色凝重

一群阿苏在广场上，忽然忘了各自要去哪里

幸好有那么多的阿苏，没人觉得孤单

他们开始讨论广场的大小，以及之外的世界

那或者存在危险，但肯定是种勇气

无论如何，下一刻让人心生向往

有人备船，有人骑驴，有人驾车，有人升起了热气球

一切停当之后，倒计时开始

当所有阿苏都从舱门进入之后

有人发现广场角落里还坐着一个阿苏

他看上去像个流浪汉，支着个少了一条腿的画架

人们向他招手，他却丝毫没有起身的意思

当最后一个数字消失之后，舱门关上了

坐在各式载具上的阿苏看到舷窗外星光乍现

火光熊熊，飞船呼啸而去

流浪汉阿苏始终低着头

他一直在画一幅画，画布上天地广阔

无数没有脸的阿苏成为画面中心的一排脚印

与霸王龙翼手龙猛犸象剑齿虎，以及

更多不知名的野兽和飞鸟一起

消失在落日与群山之后

起源

我在空地上

画了一张食材清单

鱼和肉，叶子和果实

谷物和酒，还有陶器和柴火

得有人去开垦种植

得有人采集和制作

得有人准备弓矢和渔网

得有人日夜操练成为猎手

对未来我们一无所知

这个世界看上去并不需要我们

饥饿和寒冷差点让我们失去希望

所有希望，连同男人们的性欲

努力活着，在毒蛇和猛兽的包围中

我们燃起篝火，敲打皮鼓和陶器

整夜跳着狂野的舞，把脸涂黑

用吼声驱赶黑暗中的厉鬼

直到某一天，我们砍伐树木建起了寨子
粮食有了收成，还有叶子和果实
猎手们带回的肉让我们高声欢呼
女人们，神奇地诞下孩子

但总有不测等着我们
猎手们在北面遇上了另一支队伍
抢了他们的猎物，还打伤了几个人
猎手们成了英雄，我们彻夜狂欢

现在我们变得富足，猎手也变成了战士
我们有足够多的肉，叶子和果实
谷物和酒，陶器和柴火
女人们咯咯地笑着让战士们更加雄壮

这个故事并不太长，报复来得很快
不久之后，我们有了更多的仇人
战争成了我们最重要的日常

男人们以更快的速度死去

死亡激起了更多的仇恨
某一天，我们发现年轻人所剩无几
孩子和女人们也拿起了武器
终于，剩下的我们全都变成了俘虏

写到这儿，王二麻子大声说你放屁
应该是我们俘虏了别人，而不是被别人俘虏
塌鼻梁赵六说你更放屁，应该是我们杀光了
所有人
他们两个从早吵到晚，又从晚吵到早

太阳西斜的时候，麻子把塌鼻梁杀了
死掉的塌鼻梁又把麻子杀了，所以
我得去挖两个坑把他们埋了
但我实在挖不动了，就坐在树底下抽烟

后来我只能把他们俩埋到了一个坑里
脸对着脸，像是一对好兄弟

两个老头的梦境

一个老头梦到了外星人
像极了一群驴，那真就是一群驴
一群长得像外星人的驴

一个老头梦见了一群羊
天空辽阔，白云悠闲
一只小羊衔着鞭子走了过来

一个老头摘下了一片树叶
举着树叶要杀驴，一阵风吹来
吹跑了树叶，驴汪汪叫

一个老头从羊嘴里拿起鞭子
羊群变成了外星人，变成了
一群长着羊脸的外星人

一个老头梦见自己碰到另一个老头

他的驴和那老头的羊打了起来

驴打不过羊，因为驴饿得没了力气

赶驴的老头对放羊的老头说

你真是个英雄。咳，你也不赖啊

就这样，两个老头都醒了过来，美滋滋的

夜的河西街

河西街在河东街的西面
隔着一条河，阳光千里迢迢
只因某种天性?

每天如此。死者瞬间消逝
未来和新知默不作声
世界镀着铬

我在河西街上空散步
有人在探讨时间与变革
我的影子让他觉得眼前一黑

烟杂店的年轻姑娘
乳房微涩，当她跨过门槛时
一缕阳光悄然抵达

药材铺，老茶馆，人民饭店

街市隐藏在光里，光出生在黑夜里

黑夜居住在街市里

只有黑夜，当阳光消散时

河西街才会变得更深

我才会从夜的街市悄然坠落

洱海落日

我愿意坐在洱海边
看看，天空易变
路过的人我都不认识

我愿意坐在洱海公园的山上
看看，洱海苍苍
山上的树我都不认识

我不在这儿生长
我也没来过洱海
我只是想去洱海边

看落日，以一种假设
那个取代我的人行色匆匆
但他坐了下来，以我的姿态

他的左手是一块石头

右手也是一块石头

他们并排坐着

看落日。洱海金黄

他们看上去如此相似，同样

披着落日织成的孤影

有时

有时，我不知道该说些什么
有时，我不知道该想些什么

就这么坐着，就这么站着
看着天空似镜

有时，我不知道笑是什么
有时，我不知道哭是什么

就这么走着，就这么躺着
等着夜晚如约

有时，世上一切都为我存在
有时，世上一切都为我消失

有时，我就是这么幸福
有时，我就是这么悲伤

费家大宅

一

可以简化成一个影子
被人拎起就走
也可以抽象成一滴泪水
一拭即干

午后的费家大宅
无声地穿过雾霭中的双眼
一半在空中，一半在地上
倾出蜡梅半树

但不在这儿
瓶山街西端空旷的废墟
以及废墟下的废墟
花儿一开即败

那么在它建成之前呢？

墙角的菖蒲呢？

远去的冬日与白雪下的秘密呢？

或是在它轰然倾塌之后扬起的烟尘呢？

我常常想去那儿坐一会儿

不在前厅，不到后院

只闭上眼

想想费家小女出嫁时的模样

二

跟别的老宅子一样

阴暗，幽深，有旋涡出没

初时凉爽，待久了

脊背会生出寒意

阿苏说背痛，陆老师患了皮炎

当我写下这两句时

木质楼板嘎吱作响

两人的症状又重了几分

老宅一定有老宅的规矩

（譬如春华秋实），庙宇般

沉默，见或不见

取决于门环响起的那一瞬

一所老宅藏着一个世界

那年秋天，我

背着铺盖进入费家大宅

像是远行的归人

身体里的火车

哐当哐当哐当哐当哐当哐当
从不鸣笛，从不鸣笛
从头顶到指甲盖从毛囊到肩胛骨
血管塌方韧带撕裂
从不停止，从不停止

睡着了加速，醒来时加速
加速，总有一列在加速
哐当哐当哐当哐当哐当哐当
挤压胸膛，碾碎牙齿
拉开神经，射出骨箭

我的身体是轨道密布的车站
还是一晃而过的平原？
好吧，我从未听过车轮的痛哭
老掉牙的酒和茶叶裹住马匹
裹住海岸和蓝鲸

谁在车窗里做梦，谁在行李架上拥抱

你们是谁？桌子椅子搪瓷茶杯

你们去哪儿？花儿阳光果实

你的车我的车，你的车厢我的车厢

你在稻草堆上扔出你的纸飞机

哐当哐当哐当哐当哐当哐当

梦幻设计师

我们仿佛设计了黎明
好让白昼变得虚幻而易逝

我们仿佛设计了天空
好让大地变得庸常而忠诚

我们仿佛设计了死亡
好让自己变得伟大而不朽

从 0 到 1 的歌

有一次
我看到仪表盘上
有个数字从 0 跳到 1

我想在石头上扭屁股
我想在河水里扭屁股
我想在蚂蚁窝旁扭屁股

就这么从 0 跳到 1
它从 0 跳到 1
当我再看时，它从 0 跳到 1

我想在柴堆上扭屁股
我想在麦田里扭屁股
我想在老象群边扭屁股

它从 0 跳到 1

刚刚是 0 现在是 1

我看着它，它是 0 还是 1

就这样，过了很久，它是 0 还是 1

语言或者子弹

终于轮到了
之前一直在翻看手册
扶正话筒，象征性地向台下望一眼
轻微咳嗽，调整姿态

就像鸥鸟自信于它的翅膀
阳光自信于它的炽热
声音一经发出便开始飞翔
一个接着一个，一句接着一句

文稿逐渐模糊
但语言却不曾停止
声音脱离文字的控制
一台真正的自动发射装置

一切忽然定格，停滞
无数的线状音节姿态各异

突然，它们击穿耳朵，击穿身体

击穿塔楼，击穿，击穿……

秋日

清晨有薄雾，河边植物青绿

微凉，地上铺着一层黄叶

杂入桂花点点

小灌木中蛛网发白，昆虫的壳

在草间，狗嗅着另一堆粪便

气泡和涟漪从河底逃出

到处都是安静的尸体，安静的秋

安静的生长，类似于心脏安静的搏动

类似于嘀和嗒安静的交响

恍惚间，那些遥远的星球

内陷、坍塌，花儿一样爆炸

在嘀嗒之间完成一个世界的创造

另一个遛狗人出现

我们打着招呼，呵斥着小狗

远处，供电大楼的钟骤然响起

停尸间

我宿舍旁是停尸间
那是在三十年前，新建的住院部后面
清晨薄雾中的田埂闪闪发光

我在宿舍里放了一张大桌子
侧着进去，侧着出来。喝了啤酒尿多
有人跑进停尸间，回来说那里有个鬼

那是个小屋，中间砌了一张水泥床
喝多了我会去睡上面，凉快
一觉醒来，梦都没做一个

有别的人睡过，这个镇上的很多人
我看到过一个小女孩睡了上去，皮肤灰白
刚在我曾经的宿舍里死去

很多年过去了，中药房的小张

最后也没能坐到中医科去，西药房的五根筋
终于娶了老婆，皮肤科阿大的儿子接了班

产科许大夫的白大褂里始终是空的
药库阿鲍的老婆隔几天就来闹
挂号室的王丽娟贪污公款被抓了起来

那个睡到停尸间的小女孩有没有做梦
这是个问题。最近我一直在做梦，梦里
清晨薄雾中田埂在闪闪发光

我

我已经习惯于

通过镜子去了解那个"我"

我的身体也习惯于

通过镜子去迎合那个"我"

眼睛也是镜子

出于礼貌,"我"的某个细节问题

人们会假装视而不见

我用所有时间去打扮

这具易腐的躯体

这具易腐的躯体里的"我"

让他们穿上得体的外套

擦亮皮鞋,并打上领带

请注意,当我靠近你的时候

"我"正在发生变化,变成你的克隆体

最初的"我"去了哪儿

这个空心的俄罗斯套娃

像是一层紧挨一层的分子模型

无数的克隆体排着队牵着手

构成"我"，也构成我

构成这个阳光闪耀的世界

他们看上去截然不同，又似曾相识

如此，我成了"我"

或者，"我"成了我

我们一起创造万物

绝口不提灵魂

日常生活

吃，喝，拉，撒
睡是常态。趴着，躺着
门口、窗台、床脚、沙发
斜着眼，翻着眼，半闭着眼
半睁着眼

偷偷跳上床去跑一圈
在洗完澡之后撕咬毛巾
四仰八叉发嗲
绕着男主人的脚走路
用爪子搭上女主人的膝盖

偶尔会去阳台眺望远方
那个黑白照片里的神秘世界
叫着，交换另一个叫声

偶尔也会藏身于角落

那个阴暗、狭小的宇宙

沉默着，倾听另一种沉默

少年

你会看到那么多的美——

比如春天

比如云朵

比如飞奔而来的河流

你看到了，腰肢发出笑声的花朵

让夜风变甜的音乐

梦之上的蓝色面纱

存在及意义散发的淡淡腥味

那些稀奇古怪的人们

像是冲去泥沙的红萝卜

饱满，水分充足

而远方如此之远

比如面目不清的恋人

不时探出头来看看

但还有未来，这难以捉摸的词汇

绿色中隐藏的棘刺

总在不经意间，让你悚然一惊

神迹

我曾看见我跟着小灰
奔跑、转圈，满头大汗

我也曾看见小灰跟着我
散步、眺望，眼神空洞

也许我会成为他的马
也许明天他将驮着我远行

那样你就能看到
某个夜晚
我们变得越来越小
在月光投下的影子里
逐渐消失

而阳光仍在不知羞耻地生长

我们

一束光照过来
你们在干什么

又一束光照过来
你们在干什么

一万束光照过来
你们在干什么

所有光一起照过来
你们在干什么

你们，在干什么！！！

骗子

我得告诉您
我不是个骗子
但您所看到的真不是我

比如现在
这个滔滔不绝的家伙
可能导致您怀疑时间的真实性

他在说些什么
一些说了或是没说的话
石头一样掉下来，却没有声音

有那么一两句
您会情不自禁地颔首点头
现在您知道了，那也不是我

甚至，我从没在这儿出现过
其实，在哪儿我都没有出现过

兄弟

现在我们更像是一对兄弟了
不见面，不通电话
在某个时刻各自想着彼此
默默等待着对方的葬礼

你端着酒杯，面色酡红
我们俩看上去如此相似
你刚翻过的雪山
转眼又让我浑身颤抖

你说你吹的螺号能传十里
你说你做的飞机会在树上飞

但我只看到枯败的落叶
围绕着凝固的昨日
僵直的金甲虫
死死抱着空壳的躯体

四十岁时你拍了张生日照

光着膀子，对着蜡烛

那年你许下的愿望

类似于某一条彗星的尾巴

盛晓

从前盛晓家是开咸鱼铺的
有人管他爷爷叫阔带鱼
那时他爷爷躺床上很久了

盛晓很生气，要教训那个人
他那么说的时候很认真
让我觉得他是个厉害的人

他有个妹妹，瘦得像面旗
嘴角老往下耷拉着
后来不知道嫁给了谁

没想到忽的一下
许多人都不见了
盛晓也不知道去了哪儿

但我记得他是个厉害的人

他爷爷被人叫作阔带鱼

他要去教训那个人

十二月花名

我曾听过鬓插鲜花的歌谣
那么欢乐，像这世上最后一种悲伤

花头巾、蓝围裙，面色红润
从村东到村西，白日漫长

小村子眨眼就会消失
连同河水和谷物进入黑暗

离开村庄的人活得比谁都长
成为歌谣里的某个名字
最后和那些花儿一起死去

城南新区

在这里可以看到深埋于地下的巨大机器

撞向天空的锯齿状寂静

高举着沉重而令人怀疑的大地

没有一棵树能够自由生长

它们以同一种姿态站立

路灯高昂着头颅，用光施放号令

在这里鸽子已成为一种设定

和云朵以固定速差出现

无人机的嗡嗡声重置了飞翔的定义

钉子和胶水隐藏于石头缝隙里

紧密连接的时间和空间

路挤压着距离，清晨挤压着黄昏

在城南新区的古老矿洞里劳作

我们互相挤压，并发出同一种欢呼

父亲

他已经不再需要语言了
也无需留意我的不敬

所以我一想起他——
那有些奇怪
类似窗外的某棵树
沉默，却是他的样子

所以我一想起他——
就像甩一条绳子
他立刻就知道我在想他
甚至下一个念头

这些年，我一直在思考
到底是什么让他不发一言

绿色邮筒

有一些垃圾在地上

枯叶、纸屑，灰白色纤维

跑着跳着，忽又沉默

捧着信的老头

被风推着走向街角

光阴在脚下缓慢延伸

邮筒站着那儿

像个废弃的车站

更像是座破败的寺庙

依稀发现，它仍是绿的

最长的短歌

关于生
我想说过程漫长
远至第一束光的出现

而死亡
那并非明灭之际
一定在你尚未死去之前

海

我活着的地方不靠海
不能去海边吹吹风
我活着的地方没有山
屋子朝南，道路向北

这里的太阳和别处一样
每天从东边升起
这里的孩子们
额头飘扬着茂盛的未来

不必担心远航的船儿
也无需害怕觅食的野兽
有的是良田千顷
远去的祖辈们不乏饥饿

当然有墓地，穿过家具城就到了
紧挨着呼啸而过的 320 国道

里面躺着的人们

不会再想着去哪里逛逛

这让人有些懊恼

有时，我会打开我的脑袋看看

里面会不会藏着一座山

或是一片海

但大部分时候我只看到

黑压压一片喧闹无比的人海

我就住在这个海边

哪儿也去不了

秋日将至

一切都脱胎于截然不同的事物中
比如现在，烈阳密不透风的轰鸣里
那微弱的来自节奏内部的裂隙
时间本身的褶皱掩盖的那一部分
比如一首长诗的每一行的末端

秋的气息预示着来日不祥
端坐于暴虐和冷酷中间沉默不语
以丰盈和辽远暗扣秩序与命运
白云苍狗与落叶都将重现
海市蜃楼的倾塌与金属的腐烂

我和大多数人一样陷入沉思
日落总令人不安，那盛大的葬礼
无论站立山巅或是匿于深谷
都无法躲过最后那绝望的闪耀
使大地生锈，令黑暗降临

我想隐藏于这秋日之下

树底的蚁穴之中

那儿有一切可用之物，酒和月光

音乐和语言，溪流与石头

还有记忆、戒指与器皿

但现在，一场风暴正在孕育

在秋日到达之前，在巨像建成之前

七月三十号

这不是 7 月的最后一天
也不是这个世界的最后一天
就像今天我看到的景物
不会是这个星球上最后的烟尘

这肯定是日历中的某一天
被一条莫须有的龙盘踞着。硕大，有翼

现在是晚上 11 点 30 分
慢慢靠近 30 号的尾巴
像一只蚊子，靠近这一天的心脏
靠近食物和宿命

一定有什么在此刻出生
守恒的代价或者就是那只蚊子

我想说今天是 7 月的最后一天

从早到晚的内部

有一条河奔腾不息

河上面是群山，群山上面是天空

钢琴

楼上有架钢琴
一直在响
所以我知道楼上有架钢琴
因为它一直在响

像个跛子
一瘸一拐地下楼
像个结巴
舌头打着解不开的结

暑假过去了
世界宁静无比
我知道，那架钢琴消失了
因为暑假过去了

中午我打了个盹
梦到钢琴又响了

这次它变得流畅而美妙

水漫过鼻尖

但我却一直想着原来那架

既像跛子，又像结巴

那些磕磕碰碰的音符

一个个都溜走了

梦境

我在做梦，你在门口张望

被我捉住，一把将你拉进梦里

我跪下许你以新绿

你轻轻的，说你很贫瘠

那时天很蓝，有时也下雨

没有雕像的花园很暗

某人的荒谬让他在此设下埋伏

你碰了碰我的手

我们衔泥，我们筑巢

风太大，有你扶着脚手架我并不惧怕

我们不断建造梦境，在梦里

梦很长，往事缀满常春藤的枝节

你的长廊下，我阅读

冥想、感受，万物无穷无尽

你只托腮，只看着我
仿佛光阴就此打住

自然，光阴会夺去也会赠予
我们曾以为是梦的主人
却也是行者，日与夜的韵律
是书本、昆虫和落叶

是孩子，是炉火
也是每一个绝无显赫的昨日

老街

狭窄的老街

碎裂的镜子

窗关着往事

树和电线杆被捆绑着

之间挂着活的死亡史

哪里都有这样的老街

一段光阴的尸体

欲望与陨石的坟墓

存在的证据

明日的垫脚石

会忽然活过来

无知的蔬菜和不甘的鱼虾

慌张的鸡鸭、肉和蘑菇的约定

老煤炉的热望

黄昏的蒲扇一摇一摆

这样的时间很慢

隔壁房子住的是谁

外乡人还是小偷

阳光照着每一件事物

照着每一次消逝

但很快，它会变成一幅画

一张照片，在手机里

一眼就翻过了

在他乡

鲜嫩的景物与奇妙的旅途

这对风情万种的孪生姐妹

身着彩色条纹的草裙

夺去眼睛和魂魄

会有海滩与山间小屋

陡然相遇的冰雪

沙漠唱着古老的哀歌

茫茫草原瞬间堵住了肺

会有温暖的街道

石砌的小镇和余晖

操着各种语言的人们

辛辣的篝火和甘甜的乐器

在他乡，我见过一棵树的成长

一个湖的形成

一个王朝的衰败

一场下过千年的大雪

也看到我的无数个人生

在十字路口分手

一些成为误入蛇口的鸟儿

另一些则是扬长而去的盗贼

但现在，我正思考着何时出发

以及他乡所在的确切位置

沉默

那是个戴着面具的小丑
不出声，肢体僵硬

有时能预知幕角将被掀开
眼神、动作心照不宣

也会突然出现
比如黄昏的帘子后面

天空是寂静的顶点
夜封闭一切可白之物

看不到面具下的脸
即便看到了也无法言说

更多时候会藏在车窗的隔影里
大雨如注，从眼角淌下

消失的人

星空下的短暂记忆里

我遇到过这样一些人

皮肤细腻，手脚纤长

用洞箫和吉他演奏谣曲

我们一起饮酒唱歌

也谈论诗与爱情

以及宇宙深处潜藏的危险

或是一座宫殿的建造

我们从没感到过疲倦、饥渴和寒冷

从不惧怕因直视太阳而陷入黑暗

更不去关心时间的阴险和埋伏

并把未来视作希望

多年以后，当有翼的马成为传说

当命运的手指拂过脸颊

当更多的从前爬上枝头

当我开始向下长出根须

他们都去哪儿了

清晨

你听，树在低声交谈
风陷入沉思
鸟儿尚在他乡觅食
在黎明拄着晨光到来之前

一切都安然无恙
书还在架上
狗枕着骨头打呼
篮球架站成雕塑

一切都是新的
夷为平地的国度
颧骨突出的钢筋水泥
不善言辞的古老星球

孩子们背着书包
脸上身上挂满梦的黏液

老人们早早起身

胃空荡荡的

世界饥肠辘辘

跳上一辆汽车奔向远方

江河水

一

提着惨白的头颅在大地上行走
给我没顶的水给我滔天的火
让我锤炼一把锋芒毕露的锯子

锯开死沉的天空，锯开浓厚的迷雾
锯开山的起伏，锯开海的无边
锯开阴鸷的时光，锯开冻住黎明的坚冰

无法预知水的流向
声音的尸骸以各种姿态展示世事的常数
多年前的余温已化为齑粉

让虚弱和怯懦去死
在一场必败的战争中浇灌戾气
就让这凄厉的狂风刮过来吧

终究要平复，断颈在结痂
大地缄默，江河断流
操琴者已抵达永恒的天堂

二

这让我想起那些淹死的人
他们的挣扎无关季节与潮汐
无关高山与丘陵，无关日升与月落

但与我有关，与一把二胡有关
水即是水，水在水里并不知情
江面上漂着的是落花与夕照

也是草。提起脚就能踩上的草
在犄角旮旯隐藏着的草
草即是草，草淹没在草中并不知情

马蹄擂着大地，擂着过去与现在的胸膛
擂出火，擂出冲天的烟尘

看不到血，也看不到头颅

可以看到一场雪的降临
掩埋江河，掩埋呜咽
从第一个音符开始

罗星路羊肉馆

天足够冷了这条路才倏地出现

横亘于尘世之上的罗星路

天足够冷了羊肉馆倏地出现了

我的兄弟，那儿藏了太多的秘密

候鸟一般的老夫妻

墙上的苏绣言语柔软

从前是某家失去名字的小酒馆

很久以后似乎也成了羊肉馆

换上烈酒和羊肉汤，换上日后的清贫

就再让我们大醉一场吧

趁着黑夜尚未离去

趁着冬天尚未离去

我们还足够年少

在那个冬天的心脏里

搏出永恒之血

清明

那几天总是很堵
那几天油菜花总是很香
那几天很少下雨

找罐红漆，描下父亲的名字
找个铁桶，把元宝化了
给墓碑缠上塑料花

还有个地方得去
那是老娘的生墓与她的前夫
很多年前那个壮年男子死于一场瘟疫

都得拜拜，老娘这么关照的
八十之后她就再也没来过这儿了
一定得照做

每年这个时候，总会有一些荒唐的念头出现

他们俩会在另一个地方相识吗?

老娘是不是也要去捐条门槛

他们都会保佑我们的

所以回程仿佛从来就没有堵过

月夜

这样的时刻适合怀念一个人

一场大雪

你的手指还留在你的琵琶上

你的错误还卡在《十面埋伏》的箭雨里

你已然中计，被一群叛军包围

而我尚在城头观火

但最后，我们都将被一个

未至的月圆之夜击溃

白鸽

一只鸽子，停在屋檐上
我在画它。有半只出现在画本上
最后是眼睛，褐色而深邃

一只鸽子，扑棱棱地飞离
我在画它。现在它已经很完整了
必须画上四溅的血，红与白的冲撞

一只鸽子，在天空中影子般掠过
枪响之后，我的画本上出现了
一个窟窿

老娘

黄昏时，老娘瘫坐在饭桌前，
告诉我舅妈病重。说着就哭了

她讲了很多事
很多芦苇白了又白的事

她说多少次都想跳河里死了算了
可都是因为放不下你们这些孩子

她说只有她嫂子待她最好了
但她没说老天爷真是瞎了眼了

她九十二，自打我认识她起
她从没说过老天爷的坏话

良宵

要翻越多少个梦境方能抵达
要忘却多少回往事方能遥望
月色浓稠，江河清浅，鸟雀空寂

要揉断多少根胡弦方能弥于四合
要剪去多少根青丝方能因袭前世
西楼下人声鼎沸，柳梢丰盈

而我只在此时提壶独饮
月光照见，我与我的影子
重合，又天各一方

一朵花开在野地里

一朵花开在野地里
十朵花开在野地里

这片无人光顾的野地啊
花开的时候太阳是多么的荣耀

站在白云之上的人啊
总能看到这其中的衰败

而我独自困于三月来临的野地里
困于这盛大的荣耀里

一朵花开在野地里
十朵花开在野地里

日子

日子来了又走，排着队
一定是某人的坏主意
让世间万物变成同一种道具

就像野地里的小花
毫无道理地闪着各种颜色
哪怕是秋风骤至戛然消失

日子来了又走，排着队
一定是某人的恶作剧
让相似的生命戴上迥异的面具

就像博物馆里挂着的那些画
拿起笔，铺开纸
就按照你的意愿画吧

日子来了又走，排着队

一定是某人的菩萨心肠

让我们无从得知尘世的远

好吧，就让我为你做道菜吧

里面有爱和陪伴调成的蜜汁

离别与怀念酿制的陈酒

现在，你可以吃了

吃下去的都是你的

妄

下午三时，屋顶阳台

切成方块的明晃晃的天空

窗外的栅栏和几株灰不拉几的月季

阳台上无处安放的椅子

室内的办公桌和电脑

墙上的书法以及驳杂的法则

迷雾中的图书馆，书和座席

高而瘦弱的保洁员

面色黧黑阴鸷的执法者

远方的藿香、蒲公英和雏菊

停在木门上的白色蝴蝶

尘世的晚餐和高耸的天堂

孕育中的性事与谋杀

抽象派的夜晚与诡异牌局

狂躁的酒吧和冰冷的死亡

脱下僧袍的和尚，宿命与轮回

梦境中的巨大宫殿与芜杂记忆

无法破解的密码和善恶之源

下午三时，一只乌鸦与一群白鸽

凭空飞入

周日

小灰在等我

小灰在等我醒来

小灰在等我爬起来

小灰在等我去卫生间

穿上衣服，给小灰套上狗绳

开门，撒丫子往外跑

楼道拐角撒泡尿

垃圾桶旁再撒一泡

上辈子会不会是他牵着我？

用散发着骇人气味的酒杯吓唬我

用冒着烟的大嗓门呵斥我

用那双灵活的臭脚给我挠痒痒

那条钟情于我的小母狗啊

一直在离我不远处

挑逗着，勾引着
嘲笑我脖子上的狗绳

他会放开我吗?
放我去好好地教训她
放我去创造一个新世界
放我去广袤的大地上浪迹天涯

我犹豫了一下
最后还是拉紧了绳子
等小灰拉完两次之后
我就牵着他回去了

姐姐的宫殿

我做了一个梦

奇怪的梦

我掉进了一个洞里

像有一束光照着最深处

豁口的陶器在地上默不作声

一只旱獭在阴暗处闪过

眼睛在这迷宫般的洞穴里四处游荡

感觉不到脚的移动

偶尔有鸟的羽毛飘落下来

忽然看到我那没读过书的姐姐

汗津津的，额际沾着头发

她说你姐夫还在地里

大约还聊了一些别的什么

她说她很忙，她一直很忙
我的小外甥一蹦一跳的

醒来的时候突然记起
我那外甥因赌博输掉了唯一的房子
而我姐夫也于去年死于车祸

所有的船都驶向明天

从一个点到另一个点
这只是主观上的一种截取
比如从襁褓里发出的一声啼哭
到初冬最后凋零的一片黄叶

高速路上的天空是蓝的
副驾驶上的年轻姑娘也是蓝的
不用看，思维与车流捆绑着
也不用说话，喧闹也是一种安静

十二个月开满了十二种花
不能用一朵代替另一朵
更不能用一朵代替一千朵
连同被风吹落的我都得一一细数

所有的今天都挂着昨日的音容
你那只堪一眼的背影

覆盖了一瞬而过的

朝露般晶莹的三月之末

一段路总有一个尽头

就像城外十里总有一个亭子

或是一个码头

人潮滚滚，桅帆蔽日

我看到

所有的船都驶向杳无音讯的明天

辑 二

▼

扁舟如水
一遍遍划过一把
古色斑驳的琵琶，划过
江南月影疏淡的春夜

午后

总在午后想起那些个事来
刚一想，就会有一只蚂蚁
顺着脚丫子往上爬

阳光很短，照不到脚下的影子
风也很短，茶杯里没有一丝皱纹

我在午后想起那些个事来
各种各样的声响凝成的寂静
在此刻重又慢吞吞地出发

就像多年以前，那只
顺着脚丫子往上爬的蚂蚁

秋夜

夜凉，去续酒
听到母亲房中传出的
绍兴莲花落

突然发现
我的酒是喝的
她的酒是听的

原点

最后他说，我不去医院
那时他儿子正呼哧呼哧地抬着他
他说，我要回家

他分明听到儿子嘟囔中的鬼
就像他身体里的那几只，已长出了根
他也分明看见儿子日渐强壮的肺

昨天是黑的，今天也是黑的，明天是更黑的黑
还有那些黑的鬼，它们恣意狂欢
它们将他的身体变成肥沃的土地

最后他说，让我回家
那时有一台机器正将他送回原点
并将所有逐一删除

十八岁出门远行

还没到夜晚，正好你也在这儿
很久以前穿过的那个早晨鸟儿的鸣叫
漫延过来

大部分伤口已然痊愈
另一些则成为暗的火焰
悄悄点亮剩余的隐痛

夜晚还远，天空插满各式旌旗
线条具象成铁丝网抓住痉挛的逃亡
渗出一丝诡秘而甜的愤怒

会有雾霭弥漫在夜晚之前
从午后尾声射出的一支响箭
呼啸着飞向更深的远方

还没到夜晚，茅屋清冷

黄昏疯长的头发越过天空

正好，你也在这儿

七月初七

只在这一天想想爱情
想想鹊桥，想想箩筐里的一双孩儿

据说这一天会诞下新的宇宙
在山顶，可以触到星星的长发

你愿意跟我爬上去吗？
爬上去，就能看到闹哄哄的鹊桥

还有熊熊的天火，以及
无边无际永恒的寂静

虚构

曾经收到过一封信
没有署名

也没有邮戳
信纸柔软

那是多年以前的事了
差点让我想破脑袋

我问过几个女孩
其中一个不知怎么就消失了

那封信我保存了很久
时间一长就忘记放哪儿了

偶尔我还会想起这事
也会以为那只是一种虚构

自画像

所以，我是照着别人的样子画的
眼眉、口鼻，大致的骨架

一幅是给母亲的
她正闭着眼眺望远行的父亲

一幅给妻子
她一直在等一场雪的降临

第三幅就给儿女吧
不知道他们能看到些什么

我还画过很多
每个人看了都冲我笑笑

最后得留一幅送给自己
画上是一个孩子，两手空空

烟火

把酒喝干

把河水也喝干

人和桥　　桥和人

人和人　　桥和桥

把酒喝干

把河水也喝干

我和你　　你和我

我和我　　你和你

快喝干吧

把河水也喝干

我还要在这儿

看炉子上升起的烟火

卫生院

在那儿只有夏天

水漫过河埠，挂桨机嘈杂而宁静

船来船往，又一艘来了

一群人架着软趴趴的身体跌进来

把剩下的跌进来

有一次是隔壁的小傻子

也有大肚子的女人

食堂对面的窗户里能看到雪白的腿

而我总站在卫生院门口

前面有河，对面有路，它们都通向远方和天空

春天的孩子

当我为你打开这扇门的时候

我为夏的盛大感到羞愧

我是你最初的崇拜者

就像大海之于巨浪天空之于雷暴

但我对你充满歉疚

春天来了，我哑口无言

当我为你打开这扇门的时候

我为夜的漫长感到羞愧

我在天空下看望小鸟

也在阳光里建造宫殿

但我对你充满歉疚

春天来了，我哑口无言

这世上的漂泊啊，等着你

等着为你留下日渐清晰的足迹

所有会飞的孤寂啊，等着你

等着给你丰厚的羽毛

但我对你充满歉疚

春天来了，我哑口无言

夜行

不要往白水塘路走

那儿车太多，灰尘好大

也不要走环西南路

一路到底只有过去的老城墙

你陪着我呗，要不再带上小灰

五个月大的小狗得让它到处走走

别去管那些陌生的行人

也别去管天上那些洞察一切的眼睛

我们啊，就一路走到黑

一次别离

时间有点紧，幸而我车技不错
环城大道高楼群起，一幢幢往后倒

我娘坐在副驾驶位上，没系安全带
她问，这是哪儿

我女儿跟我老婆在后座一问一答
一半在车上，一半在手机里

收音机里播着一首熟悉的老歌
我忽然发现记不起那首歌的名字

今天我有两个任务：送女儿去南京上学
然后送我娘去城东打麻将

东门大街外有个亭子

我有一个盒子，一个漂亮的盒子
里面装着些什么

一个我咆哮着想打开它
另一个我抱着它悄然隐没

黑色的天空，空荡荡的城头
不知所踪的人们熙熙攘攘

东门大街外有个亭子
我在那儿等着，抱着我的盒子

等着一千个我飞奔而来
等着一万朵云从头顶飘过

酒鬼

再喝上一杯手就不抖了
你看，从来就没有抖过

白发苍苍？错了
这是一场雪下的，足足下了六十年

那女孩多漂亮，你从没见过
而我在山顶召集士兵，螺号呜呜地响

天是多么蓝啊，我手执钢鞭
将~你~打

遗址公园

我相信在那一定有过一位诗人
头发蓬乱，就像我

我是我，你已经是泥土和树叶
或者你是我，我却是一个无比漫长的梦

遗址公园的下午一切都很安静
除了喇叭和游客，还有我

致鲍鲍

在这儿，我有的是故事
那些破旧的门，洞开之后都是故人
但现在，除了鸟雀空无一人
屋脊塌陷之后只剩下凋零的墙

你似乎饶有兴致，倾听着
我的说辞模糊不堪
这预言般的瞬间，我将记忆
埋葬在消失的过去

一切都尚未结束
一切的一切都在废墟之下呼吸着
所有记忆之前的记忆
只在某个时间裂隙悄然出现

但这并不真实，这儿的一切
都出自我的安排

谁在这出现，谁又在那儿徘徊
还有那个假设的我

我相信，你终于会染上这俗世的清虚
就像我，穿过黑夜和雪来到这里
我知道，在我将死之时
不会感觉到你手上的温度

致爱人

似乎是在宇宙初生时，也许更早
一切即已存在。光阴无比漫长
长得足以让所有火焰熄灭
长到时间已成为挽歌

何时洞悉另一个你，无数个你
我只有一个，那个朴素的我
既非彼，亦非此
那个沉湎于生命持久梦境的我

所有的有终将消失
在时间之海将我们阻隔之前
我要亲手为你建造一座宫殿
并撒下另一个宇宙的种子

或者，这并非必须
无数个可能只是种虚无的假设

而来时的路却是那么深幽

那儿有遍地黄叶，和我们盛开的孤独

念经

她应该死了，死了好久了
但我觉得她还活着
面目不清地念着什么
在那拐角的小屋里

刚刚天还是那么蓝
紫云英开满的田野里留下的嬉闹
蜜蜂嘤嘤嗡嗡，绿色汁液沾满了我的额头
盛晓的妹妹像只兔子

那屋子看上去有几百年了
透过窗户看不到什么
有几根生锈了的铁栅栏虚浮着
里面是一些黑乎乎的物什

盛晓说要去别处了
我没听清楚他是想去哪

我只听到一个皱巴巴的声音

包含着许多秘密

他们说她是在念经

我想知道那是什么意思

这世上很多事情我不明白

比如说盛晓的妹妹

黑色妖怪

关上灯，让藤蔓爬出来，爬上桌子
黑夜中只有黑暗在游荡
有时会撞上床，悄无声息地碰撞
有一种没有温度的暖

可以点上烟，一个并非必需的行为
烟雾在虚空的胸腔里挣扎
这毫无用处，鲜嫩的胸腔有最远的宇宙
牢牢地掌控着每一寸土地

什么都充满芬芳，哪怕是令人生厌的臭虫
被噬咬的皮肤疼痛坚硬而明晰
远在星辰之外的一个涟漪
让思维突然加速

合上掌，将光明从指缝中挤出，发出声音
灯已经关了，也并非那驾金光闪闪的马车

正如黑夜，它的来历

在此刻诡异得叫人悚然一惊

多年以后，那个夜晚

长成了一个黑色的妖怪

安静地埋伏着

不知何时，就会跳出来，要了我的命

南方小镇

那是世界的心脏
极小而致密的奇点
我的啼哭是一声巨响
最初出现的是云和天空

河西街和河东街隔着一条河
白铁匠的锤子和幽深的弄堂
被燕子的翅膀划出口子
里面流淌着彼时的阳光

必然会出现的是九月和远方
像是孩子们的笑声那样
闪耀着未来和宿命
蛇一般留下疑问

让风吹过旷野
吹过无边的生命

再以飞翔的姿态坠落

无论如何，都会掉下一颗果核

时间的遗迹高耸入云

小竹椅和破蒲扇构成的糖

泛黄的初吻和屋角的明月

今夜即将抵达

小酒馆

我是在一个小酒馆遇到他们的
我父亲，现在他就坐在前面的桌子吃面
我儿子，他在我身后大声向老板要一壶酒
而我，正在思考我是如何走进来的

我父亲，他看上去像是玻璃后面雨中的人影
头部的轮廓线不停地变幻着
看不清身上的穿着
有一阵我以为他认出了我

我儿子，我听到他极小的咕哝声
我不知道他是不是在看我
我很想转过身去跟他说些什么
或者看看他喝酒的样子

陆续有人进来
彼此看上去并不相识，却不停地打着招呼

我们三个默默地看着他们

就像看着陌生人那样

门开的时候风夹着雪吹进来

吹散了小酒馆里的雾气

我拍了拍屁股起身离开，忽然记起

我始终没跟他们两个说过一句话

我的梦上飘浮着村庄

临水的村庄

躺在血脉和桑葚中的夜晚

一月到十二月的苍茫

我是一棵摇摇摆摆的栎树

一只长着白色羽毛的鸟

停上从梦中伸出的枝头

背在背上的村庄

挑在肩上的村庄

陌生的祖父在屋后的小路上唱歌

三个田歌手

天空下散落的宝石

我不敢触碰

我的脑子是一所房子

里面住着一个情人和一个歌手

也是一张地图

摊开之后能看见河道和鸭子

我的村庄在我遥不可及的对岸

墙上挂着蓑衣和斗笠

跌跌撞撞的歌

嘶哑的歌

正月的梅花三月的桃

四月的蔷薇六月的荷

我陪着三个老人在菜花田里做梦

梦见水上的日头

牛的犄角和从水路漂走的

村庄

但请原谅

原谅那些该原谅的与不该原谅的
理智与情感在高尚和堕落的天平上左右摇摆
原谅刻着成败的箭矢与弯刀，梁山的兄弟与
　　大内的鹰犬
雕龙的宫闱与沉重的寨门终于化为齑粉
原谅回旋更迭的历史，空旷与拥挤的时代
躺着午时三刻阳光与新年钟声的断头台

原谅飞奔的骏马幽深的雨巷
无比坚硬的石头和柔若无骨的水
晨光里摇曳的柳枝和风沙里傲然的白杨
原谅白云般的羊群甩着尾巴的水牛
黎明前的叶子和暮色里的谷物
醉汉喋喋不休的谵妄与庄周梦中的蝴蝶

原谅世间所有的欢乐和苦楚
樱桃般的新娘与远方音讯全无的丈夫

新生的孩子与岗上的旧坟

原谅天堂的漫长与地狱的轮回

双手合十的朝圣者有着光滑洁净的额头

长眉的高僧与食人的恶鬼都有虔诚的舍利

原谅长衫的聋叟与天才的失聪者

在声音里聆听光芒又在黑暗中触摸寂静

在漫长中消逝又在刹那成为永恒

原谅行将就木的老人与双目发红的青年

抛弃与被抛弃的人们心脏还在搏动

一旦撕开那就变成熊熊的仇恨

原谅荒原上的衰草，寒江边的枯树

原谅东去的春水，凋零的黄叶

原谅雪地里的鲜血，寒风中的孤芳

原谅空寂的山，滚向蔚蓝的涛声

原谅摔成绝响的琴，早逝的知己

原谅我的少年，我的老年

原谅我的早晨，我的黄昏

原谅我逝去的光阴，我已知的将来

原谅我的前一秒，我的后一秒

原谅我的爱，我的恨

还有我埋葬已久的

悲伤

隐

几支竹自下而上，蜡烛一般
墙上摇曳着的是我们的影子
我说，那一节一节的是我的骨头
还说，那嗞嗞作响的是我的鲜血

这是在东方的某处
高冠华服穿戴着岁月的含义
还有别的，洗砚池头的梅
深壑幽谷的兰和南山下的菊

月下的酒是暗藏玄机的煽动者
一个个日子撞过来
四散而逃的是筋骨强健的蟊贼
面目不清的刺客正击筑高歌

为信念所伤，伤口也是花朵
我们无数遍地临摹

有人气若幽兰，有人肚子里揣着玉
还有人脑袋上长出了金色花瓣

无数的真理盘踞于头顶之上
将长矛交于我手，用来看管不羁的灵魂
我睁开眼睛，宇宙深处的光
构成了一幅壮阔无边的山水长卷

一九七一年

那是在他伸出神圣的手指

之后的事情，我相信

他轻叩着某处最薄弱的地方

带着一丝约定俗成的随意

世界洞开，就像

破壳而出的鸡雏

这让我想起那些死去的家人

现在他们就躲在我的身后

脸庞模糊，他们在拆除或编织着什么

我不知道，天上的星星

是否真的少了几颗

我也不知道

但就在河边

那些耸立于思维之上的坟

让我仰望或者俯视，被子很重

我想他们不会感到寒冷

而活着的人却瑟瑟发抖

远处，一些油菜花和蜜蜂一起

漫天飞舞

不同寻常的降生真的意味着什么吗？

就像一颗笼罩着佛光的种子

皮壳坚硬，芽孢深藏

一个混沌而叫人疑惑的生命

但日后他将成长，我知道

或高或矮

一九七一年，我满面血污

身上刻满过去和将来的名字

无题

最后，我们总会在某处停下
只要有可以饮用的水源
和可以开垦的土地

安置好女人之后，我们
饮着日头和月光酿造的酒
播下种子，扎紧篱笆
让汗水从骨缝中滴出

会有果子和孩子一起坠地
就像在河边可以看到
鱼和自己的影子逐渐成长
这让人感到欣慰，因为强壮
我们日渐衰弱

而在某个更深的深夜
将有神的降临

让我们学会恐惧

学会让灵魂饱受煎熬

只要有神，哪怕那只是臆造

就像孤独的锯齿

一根比一根尖锐

结局总是如此

怀疑一次次地加剧着疼痛

我们呻吟，宛如梵音再现

而天空却一天蓝似一天

掩住了我们毛发渐长的头颅

也掩住了我们或深或浅的足迹

节奏

那些饱含力的声音啊

头顶花冠，身着草裙

并非似水的无常

却一颗颗落地有声

敲碎，踏破，撕裂

我的羞怯，是一只

长着褐色身体的蚂蚁

小心翼翼地匍匐在一面鼓上

神经卷曲，心脏紧缩

而巨大的渴望却在体内蔓延伸展

我的培培哟

哪些是可以狂欢的日子

鲜艳的发梢飞舞在

充满着光和火的空气之中

那是疼痛发出的呻吟么

如此疯狂而暴躁的呻吟

但还有另外一种声音使我

神情黯然，仿佛

只有那样的止歇才能

让灵魂凝聚成形

真实地盘坐在我的头顶之上

就像在这之后

我的颓然倒地

大雨

这是我所无法确认的
树叶的颤抖，抑或是大地的
许多声音自天外降临
叩着一扇扇蒙尘已久的天窗
进而疯狂地擂击着
恍若一个被关进地牢的绝望者

我在犹豫
瑟缩着或是逃避着
让目光从指缝中艰难地挤出
然后如同一叶脆弱的芭蕉
顷刻折断

那么多的烟尘
那么多的面孔飘浮着，忽远忽近
模糊得像一些
被魔法禁锢的灵魂，在

水面之下，在天空后面

他们不是记忆，不是词语

不是某个故事

不是静寂

旷野中还有什么在游荡

是一个梦，还是逝去的真实

被思念击中后

一粒果核飞速地坠落

而瓶子散发着空虚的气息

等待，等待，等待着

大雨将他的身体

灌满

风景

诗人们坐在古老的花格窗里
茶、烟、闲聊和时间微弱的响声
眼睛望着画框里的窗外
一个远离伟大和渺小的时刻

隐含的性和诗歌以外的话题
断断续续，就像窗外的河
河对面的廊棚，廊棚下的游人
臭豆腐的味道掺着不同的打算

没有晨光映着的河埠
年轻女子摆弄着自己的身体
美妙的或者是丑陋的
和男人们的窃笑一起遗失

一个人，两个人，三个人
窗外流动的世界，阳光晃动的波纹

阳光打在新鲜的花格窗上

画框里诗人们的顿悟嘎吱作响

画框里或是画框外

每个人都在别人的景物里孤独着

西塘，西塘

古老而逶迤的水使黄昏变成一座宫殿

夕阳，廊棚的一角支撑着天空的画布

有无数的眺望在河的两岸伫立

遥远的眺望，天上人间，眺望化成的星光

被辉煌的落幕所掩埋，而后又渐渐升起

只有一座桥思念着两条河，就像长长的影子和我

一桥之隔，脚步却停滞下来

哪里还能找到如此的美好？如此安静的凋零

散佚的线装书、花格窗下孤独的摇椅

供台上慈眉善目的菩萨、枯瘦的飞白

热气腾腾的包子、拉着胡琴的剃头匠

渔船上鸬鹚的暗恋、汲水的女人

那儿有些什么？咫尺之内无比遥远的彼岸

桥的那头，一种生活着的生活，等着你

本不是你的生活，一个在丰富中痛苦的地方

水的精魂，滋养着幽深的巷子、雨中的丁香
窗口的杜鹃暗示着什么？戏台上扮成男女的
才子佳人在虚拟的后花园中窃窃私语

气定神闲的老者，长髯的老者，秃头的馄饨担
昔日的琴棋书画只留得两只依偎着的炉子
人间烟火，无比逍遥的岁月，倚栏的青春
这些被粉饰一新的绿肥红瘦，同样掠过的翅膀
我看到，一群追逐时间的人们兀自举着相机
妄想在定格中进入无边的苍茫

歌谣之田螺姑娘

打这以后看着你衣食无忧
我回我的田螺壳

打这以后看着你日出日落
我回我的田螺壳

打这以后看着你娶妻生子
我回我的田螺壳

打这以后看着你生老病死
我回我的田螺壳

从前的生活

昨晚我做了个梦

我们又回去村里了

河边的那块地还给了我们

那是多好的梦呀

我用一个下午造一间房子

里面有从前的生活

你让我把东边的地刨刨种上向日葵

那儿有最好的阳光

又在西边搭了一个棚

种上黄瓜丝瓜和南瓜

它们的脑袋就悄悄地从泥里探出来

最南边种了大豆和番茄

这些都是我最爱吃的

还有屋子后面

在那儿你让我排了一片竹园

风吹过的时候沙沙地响着

还有你养的几只会生蛋的老母鸡

整天咯咯咯咯地叫个不停

那是多好的梦呀

你看起来是那么年轻

在日头底下用袖子擦汗

只是你看起来不像你

而我也不知道跑哪儿去了

蜉蝣

就让我闭上眼吧
就让我睡到阳光的枝头
再让我陷入一个更小
但更无穷的世界
也许可以看到黑夜的形状

只用一条腿就能跳跃自如
就像只用一边的肩膀就能抵挡
坍塌的山峰，天空太轻
在水面上我可以一边飞奔
一边细数日子掉下的泪珠

我的渺小如此巨大
我无法预感到死亡的来临
那只是一把沉重的锤子
不停地捶击着
远在另一边的生

站在云朵之上也不过如此

我的蜉蝣的肺啊

会有怎样的呼喊

叫人惊讶

短歌

在相似的生命中苦行
残留的时间是金子也是粪土

杯子似的黑夜装着一切
铁和羽毛并无区别

你的仇恨一如我的爱
安静而又偏执

九月

孩子站在谷仓下

和稻穗一起散发着果实的气息

父亲卸下肩头的担子

坐在屋檐下抽烟

把日头放进口袋

九月的旗帜呼呼作响

月亮是天空的乳房

夜晚是浩瀚无边的水

让人在睡梦中制造影子和冲动

长着苦楝树的村庄是一些糖果

大地微微突起的丘疹

九月唱着梦中的歌谣

无数的甜蜜和痛苦

粉红的脚丫柔软的脚丫

忘却忧伤吧，忘却冬天的伤口

九月深了，另一种饥饿迎面而来

被断成两截的蛇依然神秘

一头扎着绯红的春天

一头系着无法预知的荒凉

冬至

唯一明朗的日子
循着你先前的脚印前行。路上
到处是你遗失的物件，你的前世今生
羞涩的童年和平常的路途
偶尔有歌声响起

这是个峡谷吗？如同东方的鱼肚白
夜晚倚着白天，日子紧挨着日子
当铁锹翻开棺木上最后的泥土
你的身体也被剖开，就像一只青色石榴
滚出的却是火红的果实

几步之遥，你看着那些笨拙的掘墓人
沾满泥巴的套鞋调侃着被惊动的亡魂
锄头掘断树根的声音鞭打着沉没的往昔
你的身旁站着双手合十的母亲，刻薄的
堂姐，年迈的伯父

是否我该端详你熟悉的脸？

无法说出的美，细小的皱纹

缓缓爬升之后，埋藏着的光阴

被揉碎，从不曾提及的往事

云一样飘过，无人铭记

你的秀发终将被她夺去

花朵般的女儿，这无情的孩子

摘掉耳机吐掉嘴里的口香糖

在这个岁月的伤口里，和你一起

告慰着与你有关的陌生灵魂

高山流水

——读古筝曲《高山流水》

凝稳峭拔，从弦上锵然而起

有石，有树，有草，还有曲径通幽

身躯已成追云捉月之岩

心之为高，神之为傲

信手挥落涛声阵阵

有溪绕于指间，纠缠蜿蜒

细细秀秀，文文弱弱

勾起一山优柔，温婉而下

石为之动，铮铮淙淙

自心岩颗颗滴落

随即豪气纷飞，扬鞭驱日而出

如钟，如鼓，如雷，如潮

听觉已随热血跌宕疾落，瓣裂飞溅

命运之轮滚滚而来，魂为之所骇

直杀得玉瓦共碎

渐，静寂落寞，悠然欲绝

神思已潮落平泊，如月上中天

举目氤氲夜色

山色瘦削如洞箫一指

古典之舟已拢，心之绝响

断裂

春江花月夜

——读琵琶古曲《夕阳箫鼓》

扁舟如水

一遍遍划过一把

古色斑驳的琵琶，划过

江南月影疏淡的春夜

桨楫击水之声纷纷欲落

春之泛音已逸水而出

随波隐隐于江面之上

满目湖光山色

月，踩一阵细碎的步履

自弦上升起之后，直上东山

五指随一阵莫名的轻悸

鱼一般扰动不已

江水，朗月，花香深不可测

水流声缓缓进逼

满眼俱是清丽珠泪

你不忍，这清愁自轻挑浅拨中

珠玑般纷纷

落作大颗小颗一天一水

忽如

斜风微舞，水之清音不绝于耳

神魂随扁舟一页飘然而去

月色，正浓

十面埋伏

——读琵琶古曲《十面埋伏》

最后那一声断响

直响到今日

那一支出神入化的琵琶

挥洒的是被战争包围的历史

金戈声飞扬，乱箭如蝗

琴弦在战马的嘶鸣声中挣扎

力拔山兮气盖世

狂舞高歌，虞兮虞兮悲恻恻

四面楚歌，穿透了军营

穿透了一本厚厚的成语词典

英雄末路，可奈何

利刃穿胸的钝响，垂死的惨呼声

在你眼前交错

一片血光，染红大地

云层，也染红了战栗的手指

你的眼迸出了血，也迸出了悲哀

听觉着杀声延续

你已无路可走，却不能投降

你只有自刎乌江

因为你是霸王，因为你

只是个霸王

海青拿鹤

——读古筝曲《海青拿鹤》

坚喙利爪，辗转折扑如铁划银钩

起则如巨石直荡薄云

落则如疾风狂飙

将宫商片片撕裂

弦起如疾雨，展翅万里翱翔

振羽潮起潮落，势若奔雷

鹤鸣委婉，掩不住凄然暮色

垂死一搏，生足以自傲死亦无憾

鏖战，洁白羽衣洒落碧水

生死一线，直将琴音挣乱

情迷意离，孰胜孰负早已注定

琴者已遍体鳞伤

十指纤纤已顾不得世事烟云

几千年的古书，某一页早已翻过
鹤已为海青之食，而海青亦亡
唯琴音激越，古意旋绕

盲者

——读二胡独奏曲《二泉映月》

从一把凄惶的二胡开始

这苍凉，如同一只无形的手

心脏被紧握，血滴出指缝

而你，依然诉说

此时无泪，你的神色

被手中的弓弦切割，却

平静得如这泉水

月静静地沉沦，静静地

失去伤感

盲者，手持一把二胡

在这月圆的夜晚，如同握着

一个生命，握着

一种生活

盲者，是否你看见这浑圆的月

如这泉，圆满无缺

是否你的月支离破碎，在

那一汪辛酸苦涩的泉水里

苦苦挣扎

所以你用这无泪的痛哭

切割这样浑圆的月还有这泉

直把这炎凉世态

唱成一段低回悲歌

叫人心痛若斯！

图书在版编目（ＣＩＰ）数据

所有的船都驶向明天 / 麦须著 . --武汉：长江文
艺出版社，2021.7
ISBN 978-7-5702-2208-7

Ⅰ. ①所… Ⅱ. ①麦… Ⅲ. ①诗集－中国－当代
Ⅳ. ①I227

中国版本图书馆 CIP 数据核字(2021)第 105650 号

所有的船都驶向明天
SUOYOU DE CHUAN DOU SHIXIANG MINGTIAN

| 责任编辑：谈 骁 | 责任校对：毛 娟 |
| 封面设计：祁泽娟 | 责任印制：邱 莉　王光兴 |

出版：长江出版传媒　长江文艺出版社

地址：武汉市雄楚大街 268 号　　邮编：430070
发行：长江文艺出版社
http://www.cjlap.com
印刷：湖北新华印务有限公司

开本：850 毫米×1168 毫米　　1/32　　印张：6.375　　插页：4 页
版次：2021 年 7 月第 1 版　　2021 年 7 月第 1 次印刷
行数：3438 行

定价：49.00 元
